외발뛰기

다연 조경화 제❸시집

4월 7일 生

하늘 허락으로
찬란히 돌아오는 넌
"괜찮다고"
부드러운 숨결 다독이는 위로 받으며
가슴 시리던 구멍들
하얀 바람 살포시 덧바르고
호르르 잔기침 계절병, 삭혀내는
날마다 한 호흡
신비한 꽃 앓이 하다가

별바라기 좋은 날
꽃대에 남긴 한줄 웃음
그건 살아있었다는
– 진실.

Kyung-Wha Cho's Poems

외발뛰기

달다고 후딱
쓰다고 휘익
바쁘다고 훌쩍
함부로 까불락 거리다가
어제의 등 뒤에서 모가치를 세어보았다
이럴 줄 알았으면 아껴서 먹을 걸

이제야
한발은 땅을 딛고 한발은 하늘 받들어
그대 가슴 녹여주는
해어지화解語之花 되고 싶지만
잘난 척 너무 먼 곳

온 길도 모르고
갈 길은 더 모르겠다.

외발뛰기

| 1장 | 개 밥그릇에 별이 뜰 때

빈 집 12
뿌 리 13
건너가기 14
가슴 앓아도 16
무량겁 (無量劫) 17
구업 (口業) 18
개 밥그릇에 별이 뜰 때 19
건삶이 20
누구나 악마를 키운다 22
눈 뜨다 23
법문 한 자락 24
숨 고르기 26
중 생 27
별거 아니라는 듯 28
건들바람 30
아저씨 31
그냥 말 할걸 32
쯧쯧 33
겨울풍경 찍으러 갔다가 34
사진 찍는 여자 36

외발뛰기

| 2장 | 삶의 마루에서

여 자 40

까불락 거리다가 41

별 리 42

거울이 이상해졌다 44

가벼움에 큰 의미 45

귀 가 46

숨비소리 48

불량 부메랑 49

詩 쓰는 밤 50

詩 쓰는 사람 51

정직하라면 52

거리에서 울컥 53

만원 지하철에서 54

하늘 오르는 물고기 56

업보(業報) 57

허화시(虛華市) 58

무언의 조율 60

뱀 띠 62

외발뛰기

| 3장 | 눈 뜨고 꾸는 꿈은 살아있다

봄 비	66
사월은	67
구월은	68
불볕더위	70
이 월	71
입 춘	72
올가미	74
수수꽃다리	75
엽 낙	76
무의도에서	78
설 화	80
아무도 없다	81
해바라기	84
살아리꽃밭	85
안개비	86
장맛비 내리는 날	87
눈 뜨고 꾸는 꿈은 살아있다	88

외발뛰기

| 4장 | 지금, 사랑하기에 좋은 시절

사랑하나 92

사랑하나 93

손 자 94

해어지화 96

일무 (一 無) 98

우리 제대로 하고 있는 거 맞지 99

지금, 사랑하기에 좋은 시절 100

너영나영 102

여름풍경 하나 103

그때는 춥지 않았다 104

부모라는 이름으로 106

엄 마 108

아버지 109

유년의 사색 110

아이러니 111

축 복 112

무들로 28번지 연가 114

| 1장 | 개 밥그릇에 별이 뜰 때

빈 집

여기에 당신이 있다

모래가 되어버린 시간이 사막처럼
뭉치지도 날아가지도 못하는
서걱서걱 무방비 처절한 외로움들
가끔씩 햇살 아래 모였다가 흩어지는
아우성 물결치는 매일

이승의 삶이란 그런 거.

뿌 리

까마득한 시간 견디며
주머니 가득한 세월

더는 꽃이 아니라 해도
꿋꿋이 버텨낸 삶의 깊이
몇 십 년

어깨에 힘을 빼고 스적스적
욕심을 내려놓고 느럭느럭
지금부터 시작이다.

건너가기

매일이 빠르게 지나 쌀랑해졌다
성찬의 냄새 사라지고
지켜야 할 자연의 계율은 냉정하다

한 생 파도타기
번져나간 기억 바람보다 빠르게
생각은 잡초보다 많게
하늘보다 높고 땅보다 넓었던 날들이
쟁강쟁강 부서지고 있다

버거운 등짐 비워야 하는 건 뭘까.

가슴 앓아도

푸르던 날 숨찬 호흡으로
활화산에 피웠던 열꽃
그렇게 행했던 것들 의미부여는
한 줄기 부드러운 바람결
가을햇살 익어가는 달달한 향기로 좋다

지극히 현실적이면서
적당히 비현실적인 우리네 생
한 겹 벗겨보면 상상보다 많은 이야기
어디쯤서 곤두박질쳤지만 그래도 가끔
해맑게 웃는 건

삶, 뭐였든 말로는 부족하다.

無量劫

일백년도 못 채운
몽유도 너머
수천가지 희망사항
강이 되어 버린 그대 기다리는
긴 여백
허술히 놓쳐버린 잔잔한 웃음

어느 생 다시 만나
꼼꼼히 덧칠 할런지

* 무량겁 : 헤아릴 수 없는 오랜 시간이나 끝이 없는 시간

구업 (口業)

모호한 표정으로
누군가 찌르고
누군가는 나를 찌르고
무심코 짓는 죄

능청스레
등 돌리면
맹렬히 핏줄 돌아
아무도 눈치 못 채는
숨이 멎을 것 같은 고통
참회의 길 몰라 커가다가
무게의 추 어이없음.

개 밥그릇에 별이 뜰 때

번쩍
삶의 본질을 꿰뚫는 지혜

그냥 그대로
누구 닮으려 하지 마라
진실한 걱정 한마디

입장 거꾸로
나를 달래는
나의 마음이 보인다.

건삶이

유월 태양빛
꽃잎 다녀간 바람 소리
식어가던 흙냄새
그것이 전부라 해도

아무것도
허락되지 않는 이승에서
삶이란 동그란 목줄 풀고
그대가 있었으면 좋겠다.

* 건삶이 : 마른 논을 갈아 흙을 보들하게 하는 것.

누구나 악마를 키운다

농밀한 어둠
침범하지 못하는 현실
진실과 대면할 용기를 버린다

이것도 저것도
생각대로 안 되는 무자비한 인생
가치를 저울질하는 몹쓸 영혼
흔들어 대는 거짓에 굴복하고도
안도의 숨소리 이건 뭘까
창백한 설풍 맵다.

눈 뜨다

예고 없는 간교한 날벼락
느닷없이 당한 분노는 시간 넘을수록 짙게 멍울져
모두 피폐해지는 세상사 가치관은 오직 선과 악
천둥소리로 삼라만상 저마다 보내는 경고
무섭고 두렵고 그리고 미치도록 많은 주문들
내면을 흐르는 깨달음 올곧은 방향으로 깨어있지 못하고
의식 잃은 감각, 혼돈 속 예정된 파멸
후회의 눈물 언제나 부질없다

무방비 죄목으로
혹독하게 치른 교훈
내 탓이다.

법문 한 자락

마음이 부처라 했다
하아
부끄러운 껍데기가 가렵다

새벽 하늘가
구름이 고개 숙이고
합장하는 작은 풀벌레
허어

인연의 꽃밭에서
숱한 부처와 노닐어도
까막눈

미련한 중생아
여기가 극락인 것을.

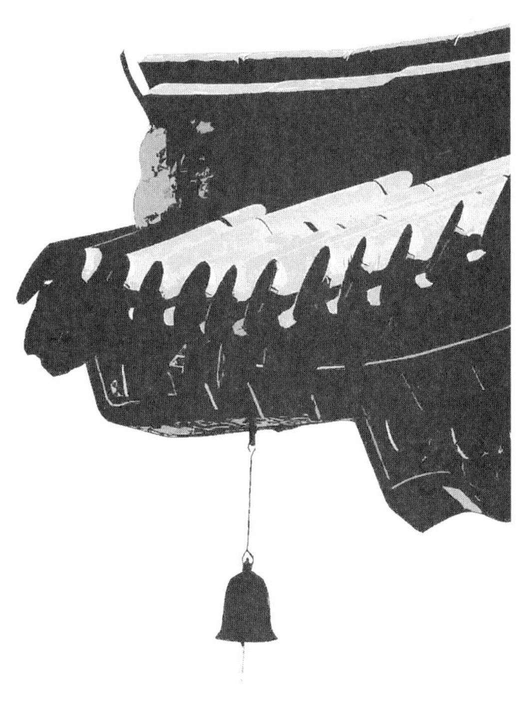

숨 고르기

삶의 마루에서
떨어지는 별똥별 하나
환생하듯 붙잡은 이름표
시인이라 걸어 놓고
꿈틀대는 의식 육십령을 지나
하늘 나르고
바다 건너
짝사랑 세상살이

어디로 가고 있는 걸까.

중 생

외발사랑 절룩이며
내 것이 아닌 집착을 메고
자꾸 뭔가를 흘리며간다

태양이 재촉하여
노을 내리도록
번잡스레 욕심만 어정거리는
곤비한 삶

한 생 어리석은 자맥질
젓는 건 발목인데
시린 건 눈썹이다.

별거 아니라는 듯

생성의 바람은 없나요
의심의 짐 꾸리며 묻습니다

한 번의 기회 너무 탕진 했나요
의무를 밟고 쾌락과 동무한 기억은 없는데
그래도 가야 한다면
지금은 무엇을 즐겨야 하는지 비싸지는 않은지
늘 대가에 옭매인 어리석은 생
갖은 것도 없으면서 먼저 떨고
이제 조금만 은밀히 욕심 채우라는 특명도
금지된 것에 익숙해 머뭇머뭇
이대로 편안히
어느 투명한 저녁 맑은 별이었다가
새벽 풀 섶 쇠별꽃으로 떠나렵니다
그냥 별거 아니라는 듯.

건들바람

너울거리는 한 자락
그대이어라

허공에 엇갈리며
질기게 붙던 삶의 집착
깊은 상념의 늪 건너
탯줄 달았던 울음으로 씻고
하얀 맨발로 디딘 미금 속
웃음하나 챙기면

마지막 호흡 너를 따라
한세상 훠이훠이
족했다 하리.

아저씨

어둠 짙어갈수록 투명한 액체
움켜 쥔 때꼽 손
땡고추 안주
딸꾹 울음으로 토해내는
침묵하던 언어
등 뒤
희살짓으며 유혹의 웃음
관능적 모델 순응하듯
쉰 목소리 “한 병 더”
공허한 눈으로
맑은 이슬인양 다시 한 잔
삶을 다독이는 마음치유

숨, 붉디붉은 꽃으로 살아나고 있다.

그냥 말 할걸

하루하루 손가락 꼽아 봐도
늘 그날
헛헛한 잔기침 뿐

쌀랑하고
약간은 울적한 오후 4시 30분
주전자 열기 달그락
은은하게 스며든 차향
조금 다른 호흡으로
좋았던 기억 스멀거리면
버석한 얼굴 쓸어내리는
가난한 기다림 춥다

숨긴 속내 푸르렀을 때
등 돌려 아프다 할 걸.

쯧쯧.

5인분 물 끓이며
라면 한 묶음 봉지를 뜯었다. "헐" 라면 4개
다시 겉포장 확인하니 큰 글씨로 4개입이라고 쓰여 있다
한 묶음 5개라는 입력 무심히
분명 예전에는 하는 실수로 반복하는 습관들
기억으로 행동으로 잘난 척 아는 척 모난 언행들
우스꽝스레 멋대로 살아온 세상에서
이미 주워 담을 수 없는 후회가 되었고
변명의 기회도 없이 어물쩍 길들어져
날마다 사치스런 투정부리다가 이렇게

어리석은 습習 무서운 업으로 남아있는 다음 생.

겨울풍경 찍으러 갔다가

해질녘 모호한 하늘색 갈잎 멀리서 서걱서걱 울먹이고 눈가루 뿌리는 섬으로 투명한 얼음 바람이 분다. 고요한 모래펄 비릿하게 너울이던 물거품 스르륵 인간의 부질없는 허욕 거두며 넓고 깊은 안식으로 사라지는 하루

환생하는 바다울음 영원불멸 바다바래기들 신성한 정토淨土를 만났다.

* 정토 : 번뇌의 굴레를 벗어난 아주 깨끗한 세상

사진 찍는 여자

늘 같은 듯
허나 이번만은 그럴 듯하게
보이는 것으로 부터 멀리서 살아가는 이치를
처음 학습하는 겸손함으로 배우려합니다
정말은 여행에서 맞는 싱그러운 휴식
생존경쟁에서 지친 가난한 삶의 위로
잘 있냐고 물어봐주는 무언가 찾아 갑니다

설령 어떠하다 해도
인간은 항상 흔들리며 사는 존재라 깨우치고
일상에서 매몰되어가는 귀한 것들 지나치는
그런 어리석음 없기 바라며
수런수런 이야기 걸어가는 길 위로
날마다 동행 합니다.

| 2장 | 삶의 마루에서

여 자

주술 걸린 운명
시작은 그렇게

넓고 깊은 심연으로 출렁이며
견딜 수 없이 어지러운 사랑앓이
영혼을 흔드는 악마의 장난이라도
감히 말 하라면
너를 살리고
나를 살릴 수 있는 생의 증표
진짜 꽃이고 싶다.

까불락 거리다가

나를 가리고 너를 탐내며
아무리 버려도 달라붙는 집착의 질긴 끈
욕심을 매달고 물 같이 낭비한 세월
일상 수많은 시행착오
실수라는 핑계로 넘어가려 해도
입력하면 삭제하지 못한 어리석음
진짜를 외면했다

아집의 잣대로 등 굽고 머리 희도록
죄목 길어진 업의 추
어떤 변명으로도 어림없는 남은 생
꿈에서 조차 아프게 깨어나 죽어라 뛰어가지만
너무 늦은 건 아닌지.

별 리

이생 맺어짐은 무엇이며
맺지 못함은 무엇인가

제 살 뜯던 상처 설령 아픈들 어떠하리
백팔염주 손에 두르고
더듬더듬 찾던 길 가면 족한 걸
너무 슬픔도 죄가 되는 여기서
실없이 기웃거리지 말고 돌아서자
고통 없는 헤어짐 어디 있을까

지금 애써 찾지 않아도
다음 생 모두 당신인 것을.

거울이 이상해졌다

검은머리가 하얗게 변했다
육신 골골샅샅이 주름 잡히고
놀란 심장통증 잠시 멍한 공허감
생성의 바람 잠들었다

그대 누구인가

희희낙락 마주하던 꽃날
어설프게 속이고 속았던 분장으로도
더 이상 감출 수 없는 낯선 얼굴
하소연 할 곳 없는 푸념
변하지 않는 세월 어디 있을까

가벼움에 큰 의미

"삐이익 삑삑"
아 참 후다닥
며칠 전 분홍빛 검게 녹여놨더니
눈썰미 고운 며느리가 새로 사다 준
연두주전자가 딸랑딸랑 마지막 숨을 몰아낸다
점점 심해지는 증상
얼마나 더 하얗게 바래갈까
투명한 아름다움은 절대 아닌데

가끔 의미도 없이 퇴색된 시간들 와르르
수십 년 전 바람으로 숨어들어
스멀스멀 그립다 중얼거리고
자꾸 옛날 돌아보면 뭐라더라
실없는 웃음 웃지만

낡은 정신 줄 붙들기
까만색도 하얀색도 두렵다.

귀 가

자유로이 쪼아대던 무수한 언어
먼지로 날아가고
별처럼 반짝거리는 몽환도 찾아
숨바꼭질 매일

덧없는 일상 종일토록 허망한 눈빛
슬픈 그림자 돌아오는 길
어제 같은 오늘
또 하루.

숨비소리

운무에 감겨 생의 살기가 빛을 잃는다
외로움이라는 중독 심한 불치병
빗소리 희석되는 아량으로 답답하던 숨 토해
깊고 깊은 갈망을 움켜쥐고 당당히
흡족하도록 자유로이 떠들어도
달디 단 술 한 잔 핑계로 용서되는 모든 허물
빗줄기 따라 낭만으로 흘러가며
가득가득 채워주는 생명수

비 오는 날은 그래서 좋다.

불량 부메랑

그때는 그랬는데
옛날엔 정말 좋았는데 과거형
무덤덤한 대화

놓아버려도
잡고 있어도 비슷한 실체

진짜 두려움 무엇인지 헷갈린 채
보면 볼수록 사랑스럽다는 거짓말에 동감하며
멀리멀리 던져도
돌고 도는 두 갈래
설마.
차마...

詩 쓰는 밤

조용하고 정성스런 눈길, 주술 같은 언어를 찾아
온몸 세포들 한 호흡에 가두고
바람조차 들락거리지 못하는 열망보다 진한 전율
불꽃으로 태우는 아득한 태초의 만남
첫 욕망 오직 하나 너를 낳는다

거부할 수 없는 숙명
섬광처럼 스치는 배고픈 한 줄 채우기 위해
무엇을 아끼겠느냐
허나 채울수록 부족함 통감하는
영혼의 교감, 오늘도 목마르다.

詩 쓰는 사람

열정이
싱거운 갈망으로 영글어
별 수확 없는 시절 가도

무채색의 수묵화처럼
변하지 않는 풍경으로 담담히
자기만의 세상 속에서
한 줄 별빛 반짝 거릴 때

생그레
빛나는 영혼이여.

정직하라면

삼백예순날 가고 버거워진 나이
비워낸 시간 또 뭐였을까

다시 펄럭이기에는 너무 노화되었고
무모한 추락은 확실한 사망으로 통하는
이제 몇 번일지 모르는 숫자 앞에서
마른 날개를 접었다 폈다 망설이며
비루하게 무거운 생

그래도 그대들 있는 곳
솔직히 여기가 좋다.

거리에서 울컥

내일은
쫓는 이 없고 원칙 없는
신의 낙원에서
종일토록 햇살 희롱하며
외로움 비늘 돋도록 졸다가
한줄 바람으로 느럭느럭
하늘 가까이 오르면

심장 벌렁거리는 시계 버려야지.

만원 지하철에서

두발조차 설 자리가 없다
방향 잃은 공간에서
꼼짝없이 붙잡힌 먹먹한 숨
부딪치는 남남
옷깃 스쳐 금시 악연으로
여기는 지옥체험 학습장
빠른 탈출
우르르 쏟아져 흩어지는
생존경쟁의 민초들

부디 귀한 인연 만나
금시발복 하시기를.

417 길음
종이비행기
조경화
첫 숨부터
따스한 손잡고 죽는 날까지
어제보다 더 많이 사랑한다고
—당신 참 좋아 했었는데

하늘 오르는 물고기

더운 가슴으로
신비스러운 밀어로
시공을 초월한 기쁨으로
영육일체 꽃나비 춤사위

하나를 향한 염원
살아있는 짜릿한 희열
이어지는 질긴 생명뿌리

여자 그리고 남자.

業報

헛된 몽상
달콤한 입맛의 생을 얹고
널 찾아 해바라기

고단한 삶
허무와 씁쓸한 가난을 업고
날마다 풀지 못하던 숙제들
다음 생 다시 돋아나는
등짝의 혹.

* 업보 : 자신이 행한 행위에 따라 받게 되는 운명

허화시(虛華市)

여기는 무엇이든 만원사례
위장한 호사스런 겉치레, 가출한 정신 줄
속내가 텅 빈 눈동자 핏발 가득 우왕좌왕
신열 오른 몸짓으로 돌아치는
혼미한 괴성, 모호한 춤사위
허우적거리는 빌딩 숲은 그림자도 없다

볼품없는 빈 주머니 달랑달랑
빛 좋은 개살구 무성한
허망하게 화려한 환각의 도시에서
아직 아무것도 공유하지 못했다면
지금, 그대는 유령이다.

무언의 조율

일상의 뒤틀림은 늘 엉망이다
공기 속을 부유하는 속된 언어 쇠락한 낙엽처럼 밟히는
탄식들 쟁강쟁강 숱한 날 부셔 버리는 칼바람 세운
시리도록 추운 겨울 성마르게 영글던 갈망은 유예기간
지난 감정으로 의식불명 할퀴고 헐뜯고 벗겨져 모두
아픔이다

그렇게 몇 날이 흐르고
한숨이 유리창 성에꽃으로 피어
오후의 일광처럼 부드럽게 어루만지면
내밀한 바람은 서로를 품으며
둘에서 하나로
다시 또 살맛나는 사랑앓이
시작은 언제나 고요하다.

뱀 띠

질긴 명줄 빙그르 제자리
육십령 계사년
시들지 않는 열정의 붉은 꽃

해걷이바람 모아
치열하게 피워내는 혼을 부르고
귀한 인연 청해 어화둥둥

먹물에 헤엄치다가 삭은 나이테 싹뚝
햇살 한웅큼 베어 먹고
별 하나 아작

겉은 냉철하고 속은 온화하게
생은 지혜롭고 삶은 현명하게
오호 깊은 떨림

세상 그대만큼 사랑스러운 이 또 있을까.

| 3장 | 눈 뜨고 꾸는 꿈은 살아있다

봄 비

행여 잊혔을까
서러운 눈물인양
조르륵 조르륵 밤 지새다가
하늘 문 닫히면

파란 풀빛 후둑이는 몇 방울
벚나무가지 꽃 정 맺고
찬란히 부활하는 새벽
신성한 생명수.

사월은

살랑살랑 바람 먹으며
마주보는 웃음으로 그렇게
느릿느릿 걷다가

잠깬 물방울
멈출 수 없는 꽃으로 피어나
속치마 펄럭이도록 노닐더니

꽃비 내리던
그 밤
초록물들인 연서에 아무렇지 않은 듯
분홍 입술자국 남기고 갔다.

구월은

솟아오르던 갈망
따사로운 빛살 어루만지며
밀어낼 틈도 없이 조금씩
불가항력 바람은 색을 바꿨다

누구에게나
붉은 탄성으로
빈곤이 채색되는 풍요로운
매일.

불볕더위

치열한 광기로 긴긴 날
한계라는 실험대에 올랐다
단순한 맹종으로 무너지는 존엄성
종아리 등짝 가릴 곳 없이 허옇케 드러내도
무수한 땀방울 낙수, 오합지졸 생명체들
요령불가 짧은 생 힘겹다

참을성 붕괴되는 절정의 한낮
오기품은 얼굴로 견디는 심오한 처세술
모든 것은 다 지나가는 것
계절은 언제나 진실하니까
오래지 않아 아쉬운 태양
이왕지사 뜨겁게 놀자.

이 월

살벌한 추위와 지낸 시간 꽤나 싫었나 보다

태양 끌어당기는 푸른 생명줄 아직 차가운데
잔설 누운 땅에서는 웅크렸던 가슴 열어
태동의 발길질 시작도 하기 전
벌써 커 버린 충동질 저만큼 뛰어가고
야금야금 침범해 오는 계절풍
쥐락펴락 약 올리며

여물지 못한 스무 여드레 짧은 숨 가쁘다.

입 춘

새날이 왔다

햇살 한 조각 넌지시
수없이 밟힌 겨울 거리거리
흔들리던 발자국 지워내고
눈부신 떨림 동요하는 어제와 오늘이
잠시 조우하다가 돌아섰다
아직은 아무것도 만져지지 않지만
지독히도 향기로운 얼굴로
누군가는 벌써 춘정에 술렁이고 있을 것이다

무슨 꽃으로 피어날까.

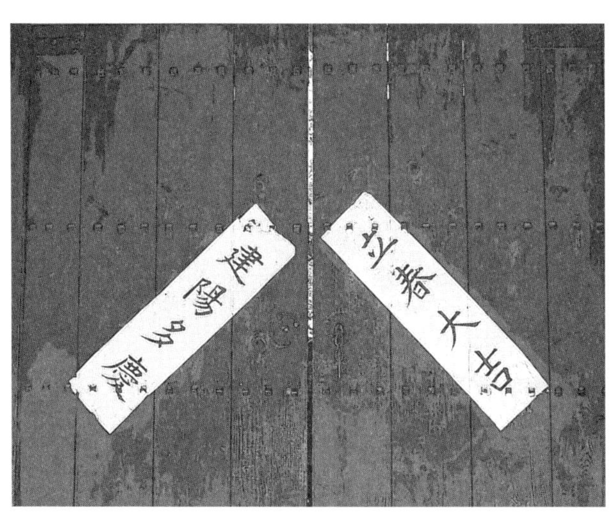
建陽多慶
立春大吉

올가미

졸다가 잠들다가 스르륵
넘치도록 살고지고
촉각 세운 더듬이 간들간들 좋아라

마지막 호흡 허공에 부딪힐 때
눈부처 너를
악마의 목소리로 속삭이고 싶다

나를 살린 건 내 것이라고.

수수꽃다리

온 세상 너울너울
포르르 꽃잎이 피고피어
혼곤한 낭만들 웅성이다가

유적한 달빛 별 인양 흠모하며
절로절로 향 짙어가는 연심

이 밤 그대와 외도는 무죄.

엽 낙

남루해지는 계절
낡은 신발사이로 바스락
그렇게 위태로이
당신은 말이 없었다

비 같은 눈이 내리다가
가난한 나무에 얹히던 그날
부자연스런 공허
정직하게 슬펐던
처연한 이별.

무의도에서

구름은 쉬고 싶다고 자꾸 내려오는데
눈치 없는 갈매기 소란스레 날고
썰물로 드러난 갯벌 파도가 애써 키워 낸 생명들
짠 내를 뱉고 꿈틀거려 세상 여는 찰나
긴 장화 고무장갑 무자비한 한 끼 시장기로
짧은 생을 마감 하지만
모래펄 숨구멍 소란스럽도록 질퍽한
태초의 경이로운 탯줄
세세만년 바득하도록 너울 오가며
모두를 정갈히 초심으로 덮어주면
다시 신성한 고요

괜스레 날숨 울렁이던 해당화만
속절없이 배시시 붉어졌다.

설 화

낙엽 휩쓸고 간 자리
사람들도 텅 비어가는 계절 한 점으로
침묵으로 차오른 울음을 삼키고
빛바랜 시선들이 스적스적 허공을 휘저어
태양도 머물지 못하는 얼음도시가 되었다

그리고 기다리던 눈이 내렸다

새벽 오기 전
태고의 바람 혼자서 노닐고 간 자리
꽃이 되었다.

아무도 없다

인연 줄이 달랑거렸다

내밀한 바람 나울나울
숫햇살 조마로히 지켜보던
분명 우연을 가장한
억겁의 손짓이었는데
잡히지 않는 맑은 향

그대 뉘시오니까.

텃밭에서

어제 내린 비를 머금고 모두 바쁘다
쑥갓꽃향기 흰나비 팔랑이고
보라색 꽃에는 보라색 가지
자연의 법칙대로 순종하며 풍성한 지상 낙원
뭐니뭐니해도 찬란한 아침 당당히 노랗고 탐스러운
자궁을 헤벌쭉 벌리고 꿀벌에게 꽃 대궁 빨리고 있는
호박꽃이 당연 으뜸
타고난 바람기만큼 주렁주렁 열매도 실하다
햇살 내려앉으며 아무도 모르게
앙증맞은 꽃 점 달랑 애기고추 매달고
혼자서 부끄레

방글방글 온통 축복이다.

해바라기

아무것도 지우지 못한 기억
정확히 그 시간 되짚어 돌다가

억겁소멸 아까워 놓으려다 움켜쥔
집착 그만큼
새까만 속내 촘촘히 사랑앓이

으르렁 거리는 어둠에 고개 떨구면
삶은 육신 휘청
시린 알몸
지독한 짝사랑.

살아리꽃밭

싱그럽고 영롱한 초록이파리
때론 붉은 꽃잎으로 원초적인 까만색 애써 피해
빼곡히 길러 낸 목숨살이꽃 이제 세월이라는
바람으로 볼품없이 피폐해지고 시든 꽃대
모두 헛되다

어차피
단맛도 쓴맛도 똑 같은
영원도 순간도 한 뿌리인 것을
차라리 냉정을 키웠으면.

안개비

하늘은 옅게 느리게
눈썹만 적시는데

어쩌다가
허랑한 번개 치면
오르르 그대가 끓어 넘치고
시린 속내

여린 빗방울
저만치 앞장 선
눈물웅덩이 누구의 것인가.

장맛비 내리는 날

검은 빗방울 천지가 슬프다
처절한 장송곡으로 먹먹한 몇몇 날
세찬 바람 섬뜩하도록 쏟아지는
분노의 빗줄기
산이 울부짖어 계곡은 죽음으로 넘쳐나고
산발한 온 동네 유령들 술렁거려 땅을 훑으며
살아내는 모든 소리 거두어간다

덫에 걸린 생명체들

상실 된 일상
종일 스산한 비앓이 신음소리
정지되지 않는 울렁거림
단절된 생의 토막 같은 날
주룩주룩 쉼도 없었다.

눈 뜨고 꾸는 꿈은 살아있다

달랑 카드 한 장
걸림 없이 "환승입니다"
경쾌한 목소리 무사통과

세상살이 환승 된다면
넓은 집 살다가 작은 집 살다가
사랑놀이 환승 된다면
이별 만남 왔다가 갔다가
달랑 카드 한 장 못 만든 죄인들
고달픈 환승역에서 좌충우돌

그래도 낮은 곳으로 흐르며
무엇이든 스며들어 끌어안고
하늘. 달빛, 별, 바람 떼울음으로
바득하게 살면서 울컥울컥
날마다 확실히 살아있는 꿈을 만난다.

| 4장 | 지금, 사랑하기에 좋은 시절

사랑하나

−혜선이

기쁨으로 자랑으로
조롱조롱 이야기 세상 속 커가더니
세월은 날 시들게 하고
시간은 널 철들게 하고
이제 쓸쓸해지는 마음자리
생그레 꽃보다 예쁜 웃음 채워주는
넌 언제나 빛나게
푸르르 돋아나는 생명,

이 첫사랑 날마다
하늘 향해 감사기도를 한다.

사랑하나

–철이

이토록 한결같이
눈에 밟히는 그리움 어찌할까

잉태의 기쁨부터
나날이 즐거움으로 키가 자라더니
이제는 남은 생 걸어도 좋을
배반하지 않는 나무가 되었다
순한 눈빛으로
그 곁 지켜볼 수 있어서 감사하고
선한 웃음으로
다시 어미 곁 지켜주어 고맙다

가끔은 윤회를 생각해 본다
전생 분명 우리는 착했을 것이다.

손 자

유아독존 연緣 끝 달고
먼 여행 날개 내린 천사 둘

주름마다
아픈 세월 잊어버리고
환희의 눈물로
합장하는 할미품에서

생의 순리대로 울고 웃는
가없는 사랑
윤식아
현서야.

해어지화

하얀 밥 위로 까만 김 '팔랑' 눈웃음 슬며시 뭉글뭉글
요상한 감정 맑은 심장 헤집으며 뜨겁던 사십년 전에도
그대였고 큼직한 고기 오고 또 와도 묵묵히 오래오래
씹어 꿀꺽 그뿐 오늘도 그대 곁이다

질기게 우려내는 사랑타령
이런저런 바람으로 하루가고 또 가고
청 빛 싱그러움 사라졌지만
뜨거운 열정이 빚은 연분
무엇으로 흔들어도 상관없이
적당히 늙어가는 것에 길들어가는
우리 사랑.

* 해어지화 : 말귀를 알아듣는 꽃(사람을 꽃으로 비유)

一 無

– 성연재

하나가 있지만
그 하나 조차 없어야
없어짐이 다시 있음이 되어
빈 그릇이 채워진다

근원인 첫 마음
하늘과 땅 모든 것의 시작점
무소유 깨우침으로
비로소 다시 열리는 세상살이
때론 힘들고 어려운 삶의 줄타기
화두로 붙들고 살아가며
큰 사람 되라는 기원이다

넉넉한 비움
새로움에 눈 뜨고
의미 있는 존재로 빛나기를
그러기에 충분하니까.

우리 제대로 하고 있는 거 맞지

– 동현이

어딘가 있을 내 며느리
누굴까 오랫동안 궁금했다
철커덕 문이 열리는 찰나 “반짝”
흡족한 자식이 하나 더 생겼다
보탬이 되는 삶을 살아가야지
성급해하지 말고 세월로 익히는 완숙함으로
그렇게 마주보며 배우고 가르치고
설령 때론 서툴러도 너도 나도 처음이니까

언제나 까르르 밝게 웃어서 예쁘고
삼년 걸렸지만 삼계탕도 끓여줘서 기특하다
이렇게 살면 되겠는 걸.

지금, 사랑하기에 좋은 시절

사랑도 없던 이별들
품고 있어봐야 무겁기만 한 열정
단세포 촉각 뜨거운 입김으로
하늘님도 깜짝 놀라도록
보고 싶을 때 보고 살자

아무나 살고 있는 것 같은 세상
허나 살아있음으로 허락되는 시간
그대 만났던 날 기억하는 설레임
인생 어느 순간이라면
이제야 사랑하기에 좋은 시절

지금 욱신거리는 목숨 그건 기적이다.

너영나영

– 사진을 찍으며

"지금"을 남긴다
보내고 나면 확실한 것 아무도 모르는
성큼 들어서는 혹독한 세월 곁에서
그때를 살았던 낭만으로
가끔 사치스런 감상 붙잡고 쉬어가면
보고 싶을 때 언제나
그곳에 그대들이 있다

옛날이라 부르던 날의 흔적
다시는 봄이 오지 않는다 해도
렌즈 속 생애 제일 젊은 웃음으로
이리 정 깊었던 당신은
내일도 싱그러운 그리움이다.

여름풍경 하나

새끼줄로 동여맨 네모난 얼음덩이
뚝뚝 맨발 재촉하고
신바람 대문 걷어차면
커다란 양푼에 수박 한 덩이

노련한 망치 솜씨 바늘 끝으로
현란히 쪼개지는 여름
성급한 조막손 부셔진 조각 움켜쥐면
더위 저 만큼

하얀 설탕가루 솔솔 뿌려
빠알간 속살 먹여주시던 맛있는 한낮
태양보다 더 눈부신
울 아버지 웃는 얼굴.

그때는 춥지 않았다

가슴 시리지 않던 시절이 있었다
밤새 난롯가에 놓였던 운동화 신었던 그때
아랫목에 묻었다가 주시던 밥 먹었던 그때
연탄구멍도 기가 막히게 잘 맞추시고
꺼진 불도 신기하게 살려 내셔서
당신이 있던 세상에서는 늘 따듯했다
그리고 언제까지 그런 줄 알았다

받는 것에 길 들여
주는 것을 배우기 전 당신이 가고
그래도 키우다 두고 간 정성의 뿌리
결코 헛것은 안 되리라는 세상살이
너무 두려울 때 아직도 부르는
불치의 이명증만 남은 벙어리 사랑
기억그물에 많은 이야기 그리움으로
다음 생 꼭 다시 만나기를 염원합니다
내 아버지.

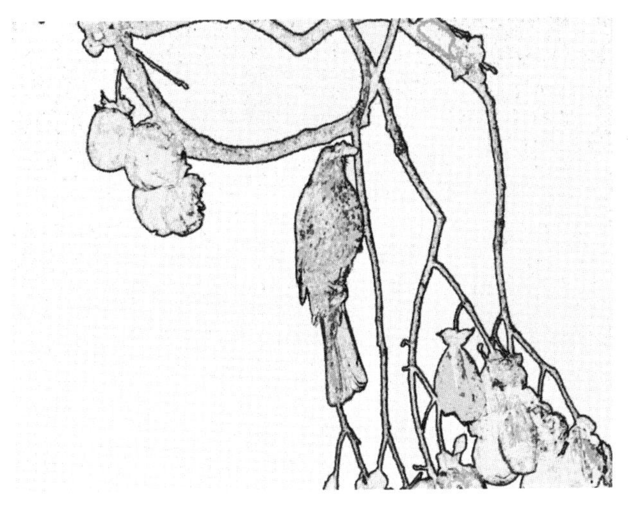

부모라는 이름으로

가장 멋진 모습으로
아주 많은 표정을 감추고 늘 앞자리
몇 십 년 숱한 기쁨과 고해의 주름사이
조각조각 박혔던 자국 가끔씩 아프다 소리 질러도
일념 잘 키워야한다는 아집으로 묵묵히 지켜낸 매일

견딘다는 것
시시때때 흔들어대는 황당한 시련에도
고단한 입김 뿌리며 덤덤히
다시 혼자가 되고 그렇게 한바탕 사느라
그리 크지 않던 아비 어미는 거인이 되었다
살아냈다는 거 참 대단한 일이기에
보상 받을 자격 충분한 그들은
분명 신 보다 위대하다.

엄 마

눈썹달이 떴다
파르스름한 아픔이 떨다가
따뜻한 손 내밀어 속삭인다
"괜찮니"

밤마다
비밀스레 주고받는 무엇이라도
그건 양껏 품고 싶은 그리움
만월 배부름에도 글썽이는

불변의 원칙
영원한 사랑.

아버지

신선한 땅의 생명으로
햇살은 밤이면 별이 되어
늘 그 자리

홀로 까불락 거리다가 이제야
내밀한 유년의 손잡고
급하게 사라져간 시절에 속은 빈 마음
대롱거리던 그리움 동행하면
깨어있는 현실에서도
잠든 꿈에서 조차 우렁우렁
바람우는 소리로 너른 대지를 휘돌아
곤비한 삶을 업고 달리는
피안의 안식처
거기는 불사신 당신이 있다.

유년의 사색

장맛비 내린 다음날 반가운 소리에 창 열고 옛날동네 돌아다니던 소독차를 만났다.멀리서 윙윙 소리가 나면 우르르 차 꽁무니 좇아다니며 안개처럼 뿜어대던 뽀얀 소독약 속에서 해맑게 웃던 동무들 뭐 그런 것들이 또 왈칵,

심연 깊은 곳
보이는 것에 환호하는 들숨으로
유년의 놀이터에는 아직도
살아있음이 아픔일 때 시린 맨발 덮어주던
엄마의 따사로운 손길 다정한 눈빛이
보고픔에 동조하는 날숨으로
잠방잠방 자꾸 그날로 가고 있은데
몹쓸 갈퀴바람이 잡는다.

아이러니

뒷모습이 서늘한
키가 큰 남자를 좋아한다

눈가 선한 웃음
따스한 위로 해주는 남자를 좋아한다

아버지처럼 말해주는
그런 사람 만나면 아직도 설레지만

그래도 몇 십 년
절대 그런 남자가 아닌
당신을 사랑하며 살아가고 있다.

축 복

흥정을 좋아했던 시간
염장으로 묶혀 두었던 푸른 날
험난하게 둥지 튼 세월 포상으로
춥지 말라고 따뜻한 황혼이 왔다

곰삭힌 기다림
서로의 결핍 덮어주기 충분한
결코 인색하지 않은 겨울 숲에서
맹렬히 날 세운 세상 버리고
진짜로 괜찮은, 당신이랑
늙어가는 것도 좋다.

무들로 28번지 연가

어느 날 부터인가 남편보다 씩씩해졌다
알싸하도록 먹먹해지는 세월의 늪
삶의 마루에서 이제부터 보호자가 바뀌었다

해가 내려앉는 낯선 생
독한 현기증으로 철겅철겅 스쳐간 열정
뜨겁다가 식었다가 웃고 울었던
불투명한 시간들 살아내고
비로소 짙게 우러나는 평온한 지금
오래 같이 한 사람들에게 주어진 특혜
너도 나도 아닌 그냥 하나가 있다

그 귀한 세월로 묵힌 향긋한 생
사십년 전 어느 봄날로 다시
당신 손을 잡는다.

*시 제목은 집 주소

김송배 시인

조경화

푸른 열망의 눈빛 청량한 멋진 옛 모습
그 눈부셨던 긴 시간 오직 한 길
사람 인人 자 쓰는 시인을 강조하시며
오늘도 곁에서 진선미 가르침 주시는
맑은 시심의 선생님을 존경합니다
옳고 그름에 냉정하시고 투명하신
늘 변함없는 그늘에서 성마르지 않으며
반듯한 무언의 본보기로
일상 모두 한 줄의 시로 짚어주시고
영글어 가는 문인의 삶
선생님 닮아가는 것을 좋아합니다
가끔은 제자들과 술 한 잔 부딪치며
“위하여” 외치고
싱겁게 “그러지 뭐” 웃으시는 정겨움
그런 따듯한 선생님을 사랑하면서
모든 것에 감사합니다.

삶의 근원적인 해법 찾기와 진실

김 송 배
(시인. 한국문인협회 부이사장)

다연 조경화 시인이 제3시집『』을 상재한다. 첫 시집『시간 속 풍경을 그리다』와 제2시집 『탯줄 마르던 시간으로』를 출간하고 그동안 시 창작에 몰두하여 다시 시집을 펴내게 되었다.

그의 시집은 모두 필자가 해설을 집필했는데 첫 시집에서는 「시간성 투영과 성찰의 해법」이란 제하(題下)에 '성찰의 해법 탐색과 인간의 다정다감한 정(情), 인본주의의 범주를 확인하는데서 작품의 주제를 투영' 하는 시법을 적시했으며 2시집에서는「존재의 정관(靜觀)과 시적 진실」이란 제하에 ' 내공의 진실을 이해하고 사랑과 영혼의 함수와 삶과 운명의 새로운 함수를 도입 '하는 시법이 돋보였다고 해설한 바가 있다.

여기 이 시집에서도 역시 삶의 근원적인 문제를 해석하고 그 해법을 탐색하는 그의 진실을 이해할 수가 있는데 이는 그가 천착(穿鑿)하는 시적 소재나 시적 정황의 설정이 그의 삶과 직접적으로 상관성을 가지게 되기 때문에 그의 존재문제인 삶의 궤적(軌跡)과 재생된 상상력이 시적 창조로 승화한 것이다.

대체로 현대시가 포괄하는 주제들이 우리 인간의 존재 즉 삶에 관한 다양한 체험이 직간접적으로 수용되고 있기 때문에 그 의식의 흐름은 아무래도 자신이 선호하는 이미지와 표현으로 현현될 수밖에 없을 것이라는 추정이 가능해 진다.

삶의 마루에서
떨어지는 별똥별 하나
환생하듯 붙잡은 이름표
시인이라 걸어놓고
꿈틀대는 의식 육십령을 지나
하늘 나르고
바다 건너
짝사랑 세상살이

어디로 가고 있는 걸까.

—「숨 고르기」 전문

우선 이 작품에서 이해할 수 있는 것은 조경화 시인의 의식이 '삶' 이라는 큰 범주(範疇)를 벗어나지 않는다는 점이다. 그가 구사하는 '삶의 마루' 라든지 '환생' 이라든지 '육십령' 이라든지 '세상살이' 라는 어조가 이 '삶' 이라는 대전제를 탐색하면서 해석하는 시법으로 정리하고 있다. 그러나 '어디로 가고 있는 걸까' 라는 어조는 아직도 불투명한 인생해법에 대한 의문만이 남아 있어서 앞으로의 지향점을 명민(明敏)하게 적시하지 못하는 스스로의 성찰을 내포하고 있다고 할 수 있을 것이다.

유월 태양빛
꽃잎 다녀간 바람 소리
식어가던 흙냄새
그것이 전부라 해도

아무것도
허락되지 않는 이승에서
삶이란 동그란 목줄 풀고
그대가 있었으면 좋겠다.

—「건삶이」전문

여기에서도 조경화 시인은 '삶이란 동그란 목줄' 이 적시하는 이미지는 의미심장한 지향적인 호소이며 '좋겠다' 라는 어조는 기원의식이 표출하는 내면의 탐구라고 할 수 있다. 이러한 '건삶이' 는 그가 주(註)를 붙여서 설명해 놓았듯이 '마른 논을 갈아 흙을 보들 하게 하는 것' 처럼 삶의 행로가 순조롭게 진행하기를 염원하는 그의 사유의 정점이다.

그는 다시 '아무 것도 / 허락되지 않는 이승' 이라는 공간을 설정하고 '유월 태양빛' 과 '바람 소리' 그리고 '흙냄새' 등이 모두 삶의 일부이며 그것이 현재의 존재라 해도 '그대가 있었으면 좋겠다' 는 진솔한 근원적인 진실을 현현하고 있어서 그가 여망하는 삶(존재)의 의미를 창출하는 기본요소가 되고 있다.

그는 이러한 '숨 고르기' 나 '건삶이' 와 같이 삶에 대한 집념은 남다르게 표출되고 있다. 가령 '때론 힘들고 어려운 삶의 줄타기 / 화두로 붙들고 살아가며 / 큰 사람 되라는 기원이다(「일무(一無)」중에서)' 라거나 '번쩍 / 삶의 본질을 꿰뚫는 지혜(「개 밥그릇에 별이 뜰 때」중에서)' 그리고 '삶, 뭐였던 말로는 부족하다(「가슴 앓아도」중에서)' 는 등의 어조는 그가 존재를 통해서 획득한 자아의 현명한 정심(正心)의 요체가 무엇인가를 탐색하는 단계라고 할 수 있다.

현대시의 구성이나 주제의 투영은 인간의 문제 즉 '나' 를 중심축에 설정하고 나의 삶과 연관된 상념에서부터 고차원의 형이상적(形而上的)인 정신세계에 까지 시적 승화나 가치

관의 정립을 위한 다양한 노력과 실현을 상용화하는 경향을 자주 대하게 된다.

조경화 시인은 다시 '더는 꽃이 아니라 해도 / 꿋꿋이 버텨 준 삶의 깊이 / 몇 십 년(「뿌리」중에서)', '허공에 엇갈리며 / 질기게 붙던 삶의 집착(「건들바람」중에서)', '삶의 마루에서 이제부터 보호자가 바뀌었다(「무들로 28번지 연가」중에서)' 라는 등의 어조가 그가 구현하려는 삶과의 화해를 위한 시적 진실이 여실(如實)하게 나타나고 있다.

여기에 당신이 있다

모래가 되어버린 시간이 사막처럼
뭉치지도 날아가지도 못하는
서걱서걱 무방비 처절한 외로움들
가끔씩 햇살 아래 모였다가 흩어지는
아우성 물결치는 매일

이승의 삶이란 그런 거.

—「빈집」전문

그렇다. 조경화 시인이 궁극적으로 성찰하는 내면에는 '생' 을 위한 복합적인 요인들을 시를 통해서 융합하거나 용해하는 시적 원류가 용암으로 흐르고 있다. 그러나 그의 '이승의 삶' 이란 단정은 '처절한 외로움들이' 시간과 동시에 '아우성' 인 '빈집' 에 남아 있다. 이것이 그가 창조한 시의 위의(威儀)이며 본령이다.

그는 어쩔 수없는 서정성을 주안점으로 진행하는 서정의 본질을 이탈하지 않는다. 그는 특히 자연 서정에서도 인간의 생의 본질과 대입시키거나 교감하는 형식으로 해법을 찾고 있는데 '어쩌다가 / 허랑한 번개 치면 / 오르르 그대가 끓어 넘치고 / 시린 속내(「안개비」중에서)' 라거나 '꽃비 내리던 / 그 밤 / 초록물들인 연서에 아무렇지 않은 듯 / 분홍 입술자국 남기고 갔다(「사월은」중에서)' 라는 등의 어조는 바로 자연현상과 시간성이 동시에 어우러지는 서정적 발현이다.

조경화 시인의 작품들은 대체로 존재와 성찰과 서정성이라고 일차적으로 단정하지만 그에게서 놓칠 수 없는 백미(白眉)의 작품이 있다. 이는 그가 구현하려는 다변적인 시적 소재나 주제의 향방이 삶과 괴리(乖離)될 수 없는 실재(實在)의 형상에서 그가 추구하는 불성(佛性)을 배제할 수 없다는 사실이다.

그는 작품「법문 한 자락」전문에서 '마음이 부처라 했다 / 하아 / 부끄러운 껍데기가 가렵다 / 새벽 하늘가 / 구름이 고개 숙이고/ 합장하는 작은 풀벌레/ 허어/ 인연의 꽃밭에서/ 숱한 부처와 노닐어도 / 까막눈 / 미련한 중생아 / 여기가 극락인 것을.// ' 이라는 '법문' 이 교훈으로 메시지가 전해지고 있어서 그가 삶에서 지향적으로 적용시킨 정신세계의 정점이라고 할 수 있다. 이것이 그의 돈독한 불심(佛心)의 표상이다.

조경화 시인은 이번 3시집에서도 어쩔 수 없이 자아를 통한 성찰의 해법과 내공의 진실의 이해를 병합(倂合)해서 '삶'의 현실적인 갈등과 고뇌의 조화를 탐색하는 깊은 철학적인 해법을 적시하고 있어서 시는 인생비평이란 매슈 아널드의 논지를 적절하게 이행하는 시법이 설득력 있게 공감을 유로하고 있다.

제3시집 발간을 진심으로 축하한다.

외발뛰기

초판 인쇄 2013년 10월 19일
초판 발행 2013년 10월 23일

지은이 조경화
펴낸이 임수홍
편 집 이윤숙
디자인 박미영

발행처 도서출판 국보
주소 서울시 강동구 길동 395-3 2층
전화 (02) 476-2757~8, 7260
FAX (02) 476-2759
카페 http://cafe.daum.net/lsh19577
E-mail kbmh22@hanmail.net

값 10,000원

ISBN 978-89-93533-58-3 03800

「이 도서의 국립중앙도서관 출판시도서목록(CIP)은 서지정보유통지원시스템 홈페이지(http://seoji.nl.go.kr)와 국가자료공동목록시스템(http://www.nl.go.kr/kolisnet)에서 이용하실 수 있습니다.(CIP제어번호: CIP2013020308)」